L'AMANT
SOUPÇONNEUX,

COMÉDIE EN UN ACTE, EN VERS;

Par MM. CHAZET et LAFORTELLE;

Représentée, pour la première fois, à Paris, sur le Théâtre de l'Impératrice, le 12 Brumaire an 13 (3 Novembre 1804).

Prix, 1 fr. 20 c. (24 s.)

A PARIS,

Chez Mad. CAVANAGH, Libraire, sous le nouveau passage du Panorama, N°. 5, entre le Boulevard Montmartre et la rue St.-Marc.

AN XIII. — (1804.)

PERSONNAGES.   ACTEURS.

Mad. DERVAL, jeune veuve.   Mlle. *Delisle.*
MELCOUR, son amant.   M. *Dorsan.*
FURET, parasite.   M. *Picard*, l'aîné.
CHARLES, enfant de 7 ans.   Mlle. *Adèle Pélicier.*
UN PEINTRE.   M. *Thénard.*

La scène est à Paris, à l'hôtel de Bordeaux.

Le Théâtre représente un Salon.

L'AMANT SOUPÇONNEUX.

SCENE PREMIERE.
Mad. DERVAL, seule.

Combien, depuis un mois, d'événemens nouveaux !
A Paris, un procès m'amène de Bordeaux ;
Dans cet hôtel garni je descends, et j'y trouve
Melcour, mon adversaire. En peu de tems j'éprouve
Au lieu d'aversion, un tendre sentiment ;
Et dans un ennemi je rencontre un amant.
Ma situation, d'honneur, n'est pas commune.
Un procès avec lui menaçait ma fortune,
Et pour le terminer en faveur de mon fils,
Déjà, depuis huit jours, il a quitté Paris ;
Il veut à son retour, que l'hymen nous unisse :
A l'intérêt d'un fils je dois ce sacrifice.
Melcour d'ailleurs est bon, sensible, généreux ;
Il n'a qu'un seul défaut, c'est d'être soupçonneux ;
A ce fatal penchant, toujours il sacrifie
Son repos, son bonheur.... De tout il se défie.
On ne peut de la sorte être heureux qu'à demi.

SCENE II.
Mad. DERVAL, CHARLES.
CHARLES, accourant.

Maman, grande nouvelle !..
Mad. DERVAL.
     Eh ! qu'as-tu, mon ami ?
Pourquoi donc ces éclats, et cette joie extrême ?
CHARLES.
Maman, c'est que Melcour revient à l'instant même.
Mad. DERVAL.
Melcour !
CHARLES.
   Lui, j'en suis sûr. Je l'ai vu dans la cour.
Déjà, dans ce salon, tu reverrais Melcour,
Sans des messieurs en noir, et qu'il a dans sa route
Trouvés en arrivant.
Mad. DERVAL.
    Gens d'affaires, sans doute.
Je ne l'attendais pas, et tu sais qu'en secret
Je prépare une fête, et rien n'est encor prêt.

Ecolier, ton couplet ?...
CHARLES.
J'apprendrai tout de suite.
Mad. DERVAL
Il nous manque un portrait.
CHARLES.
Chez le peintre, cours vîte.
Mad. DERVAL.
Je m'attends, si je reste, à mille questions,
Et je crains, si je sors, d'éveiller ses soupçons.
CHARLES.
Maman, il vient.
Mad. DERVAL.
Rentrons.

SCENE III.
Les Mêmes, MELCOUR.
MELCOUR.
Quoi ! fuir à mon approche!
Mad. DERVAL.
Eh quoi ! c'est vous, déjà ?
MELCOUR.
Ce mot est un reproche ;
Mes soins, mon zèle, au gré de mes vœux les plus doux,
Quinze ou vingt jours plutôt m'ont ramené vers vous.
Mad. DERVAL.
Fort bien ; avez-vous fait, du reste, un bon voyage ?
MELCOUR.
Il n'y manquait que vous... J'ai dû, suivant l'usage,
Supporter des débats, grace à notre procès ;
J'ai dû concilier des droits, des intérêts ;
Mais enfin, au moyen de légers sacrifices,
Chacun reconnaissant le prix de mes services,
Prenant mes vœux pour règle et mes avis pour lois,
Sur notre métairie a cédé tous ses droits.
Cette affaire, à présent, n'a rien que d'agréable,
Et se terminera, j'espère à l'amiable.
Mad. DERVAL.
Oui. Mais de votre père, avez vous l'agrément ?
Notre hymen a besoin de son consentement.
MELCOUR.
Oh ! j'attends aujourd'hui le courier de Bruxelles,
Et je le crois porteur d'excellentes nouvelles.

Mad. DERVAL.
J'espère comme vous. Je m'éloigne; pardon :
Charle et moi nous avons affaire.
MELCOUR, *l'arrêtant.*
Sa leçon
A répéter, sans doute ? Armand, je l'imagine,
Eloigné de Paris, a quitté sa cousine ;
Car son départ, de près, devait suivre le mien ?
Mad. DERVAL.
Ici ne craignez pas de le voir
MELCOUR.
Ah ! fort bien.
Au moment où l'hymen va couronner ma flamme,
Nous devons l'un à l'autre ouvrir, je crois, notre ame.
Un procès, loin de vous, a retenu mes pas ;
Que faisiez-vous alors, ne me le cachez pas ?
J'aime fort les détails, dites-moi tout, Céphise ?
Mad. DERVAL.
Ce que j'ai fait ?
MELCOUR.
Allons, il faut de la franchise.
Nous sommes les amis de deux jeunes époux,
Qui ne seront jamais l'un de l'autre jaloux.
Pourquoi ? C'est que chacun, délicat et sincère,
Se dit ce qu'il a fait, ou ce qu'il prétend faire.
Mad. DORVAL.
Croit-on qu'un tel système et toute sa rigueur,
Puisse long-tems encor garantir leur bonheur ?
MELCOUR.
Toujours. Cette méthode est juste, utile et sage,
Puisqu'un même serment tous les deux les engage,
Puisqu'ils sont tous les deux soumis aux mêmes lois.
Mad. DORVAL
Ainsi donc, ce n'est plus une affaire de choix ;
Et par cette contrainte où leur ame est sujette,
Confier un secret, c'est payer une dette.
Qui répond que bientôt lassés de tels aveux,
Ils n'aspireront pas à se tromper tous deux ?
Moi, je crois déjà voir de ce commerce étrange,
Naître, des faux rapports, le mutuel échange ;
Et chacun des époux, par un juste retour,
Fidèle à ce serment, infidèle à l'amour.
MELCOUR.
Est-il pour le bonheur de base plus certaine ?
Source de vrais plaisirs...

Mad. DERVAL.
Dites plutôt de peine ;
Et loin que de ce joug le vrai but soit rempli,
Il fait un tort affreux du plus leger oubli.
MELCOUR.
L'amour n'exige pas pourtant qu'on se déguise.
Mad. DERVAL
Quels plaisirs nous ménage une adroite surprise !
Sans adieu, cher Melcour.
MELCOUR.
Son air embarrassé
Me prouve
CHARLES, *venant à Melcour.*
Mon ami ne m'a pas embrassé.
MELCOUR *l'embrasse et salue Mad. Derval, qui sort avec Charles.*
Viens Charles...

SCÈNE IV.
MELCOUR, *seul.*
Que penser de ce fatal silence ?
Oh ! je prétends enfin vaincre sa résistance.
Que n'ai-je près de moi mon bon ami Furet ?
Personne ne sait mieux pénétrer un secret,
Le repandre, sur tout... Instruit de chaque affaire,
Par une qualité ce bavard sait me plaire ;
C'est qu'il est à l'affût du moindre événement,
Et qu'on peut tout savoir avec lui promptement.
FURET, *en dehors.*
Mon cher Melcour ici ! je veux le voir bien vîte ;
Je réponds qu'il sera charmé de ma visite.
MELCOUR.
Mais c'est je crois Furet...

SCÈNE V.
MELCOUR, FURET.
FURET.
Eh ! le voilà ! Bonjour...
MELCOUR.
Ah ! je l'avais bien dit...
FURET.
Je te revois, Melcour.
Tu quittas lestement ton ancien domicile ;
Mais j'ai su m'informer de ton nouvel asile :

Te voilà découvert... Pour resserrer les nœuds
De la tendre amitié qui nous unit tous deux,
Parbleu ! de mes desseins je veux d'abord t'instruire.
MELCOUR.
Pour ma part, j'ai beaucoup de choses à te dire.
FURET.
Parlons d'abord de moi... Bien des maris jaloux,
Tout bas, depuis long-tems, de moi, se plaignent tous.
Et comme il faut enfin qu'envers eux je m'acquitte,
Je veux me marier : les gens de mon mérite
Ont droit d'être exigeans ; mais puis-je l'être moins ?
Dans ma future, moi, je ne veux que trois points :
Fille ou veuve, ou très-sotte, ou très-spirituelle,
Il suffit qu'elle soit et jeune, et riche, et belle.
MELCOUR, *à part.*
Il voudrait seulement les trois points qu'il n'a pas.
FURET.
A ces titres, j'épouse ; ainsi quand tu verras
Dans la société quelque femme charmante,
Avec de très-beaux yeux, jeune, fort opulente,
Propose-moi. D'abord ton choix justifié,
Est d'avance par moi, mon cher, ratifié ;
J'ai, dans ces sentimens, de la même manière,
Ecrit à vingt amis...
MELCOUR.
C'est une circulaire !
FURET.
Mais comptant sur toi seul, je serais bien trompé.
MELCOUR.
Je suis, dans ce moment, pour moi-même occupé.
FURET.
Bon ! de te marier, tu n'as aucune envie.
Il n'est pas encor tems qu'un pareil nœud te lie ;
D'un principe tu dois ne départir jamais :
Tu me l'as dit cent fois, l'hymen est sans attraits
Tant que brillent sur nous tous les feux du jeune âge.
Pourquoi tenter ce joug, et subir l'esclavage ?
Pourquoi chercher ailleurs, sous son austère loi,
Le plaisir, le bonheur qu'on peut trouver en soi ?
Que lorsqu'au doux printems, vient succéder l'automne,
La main que l'amour quitte, à l'hymen s'abandonne,
Soit. Une femme alors et ses soins carressans,
Sèment pour nous de fleurs les ruines du tems.
Enfin, des vieux garçons l'hymen est la retraite.

MELCOUR, *à part.*
Taisons-nous, je crains tout de sa langue indiscrette!
FURET.
Formerais-tu, pourtant quelques projets nouveaux?
MELCOUR.
Non.
FURET.
Pourquoi te loger à l'hôtel de Bordeaux?
MELCOUR.
Trêve de questions.
FURET.
Avec moi du mystère,
Moi, qui n'en fais sur rien.
MELCOUR.
Par fois on doit se taire.
FURET.
Ah! je ne hais rien tant que le soin que l'on met
A cacher ce qu'on pense, et sur-tout ce qu'on fait.
Et si l'on m'en croyait, de tout dictionnaire
On bannirait ces mots: discrétion, mystère.
Ne déguise donc rien!
MELCOUR.
Pardon, je vais là-bas.
FURET.
Oh! parbleu! si tu sors, je veux suivre tes pas.
MELCOUR.
Je reste.
FURET.
Je connais ton amitié fidèle,
Je viens, mon cher Melcour, pour éprouver ton zèle.
MELCOUR.
Et que puis-je pour toi?
FURET.
Tu m'as connu jadis,
Visitant chaque jour vingt cafés dans Paris;
Agile comme un trait, sur-tout auprès des belles:
Quand je n'en savais pas, je forgeais des nouvelles.
Oh! je suis bien changé... Tu demeures auprès
D'une veuve adorable, ayant beaucoup d'attraits,
Jeune et très-riche..
MELCOUR.
Ah! ah! tu connais cette dame.
FURET.
Beaucoup; car je l'ai vue hier chez une femme.

MELCOUR.
Ah! tu l'as vue hier!
FURET.
Pour la première fois.
J'admirai sa beauté, son maintien et sa voix,
Ses yeux charmans, sa grace aimable et naturelle,
Sa décence. Elle est mère : un fils aussi beau qu'elle
L'accompagnait... Venus ne va pas sans l'Amour.
MELCOUR
Tu parais enchanté.
FURET
Mais c'est qu'elle a, Melcour,
Dans l'esprit une grace originale et franche.
Cette veuve, dit-on, veut prendre sa revanche.
MELCOUR
Comment donc?
FURET
Elle songe à se remarier ;
De lui parler pour moi, je viens donc te prier.
MELCOUR
Et c'est le service?....
FURET
Oui ; comme elle est ta voisine,
A réclamer tes soins, moi, je me détermine.
Ici, l'on te connaît. Ta reputation
Va me servir bientôt de bonne caution ;
On cite ta droiture, on vante ta sagesse,
Et nous sommes amis dès ta tendre jeunesse.
MELCOUR
Mon cher, je te dois donc l'entière verité,
Je connais cette veuve....
FURET
Oh ! je suis enchanté !
Le hazard ne pouvait mieux me servir sans doute,
Et pour moi du bonheur il applanit la route.
MELCOUR.
Pas encor : je ne puis rien faire ici pour toi ;
Je ne puis lui parler.
FURET.
Tu te moques de moi ?
MELCOUR.
Et par une raison simple et très-naturelle.
FURET.
Quelle raison ?
MELCOUR.
Je suis en procés avec elle.

FURET.
Bon ! n'est-ce que cela?... va... fais-moi son époux,
Il n'existera plus de procès entre vous...
Tu vas me présenter ?

MELCOUR.
Elle n'est point visible.

FURET.
Elle vient de sortir, je le sais.

MELCOUR.
Impossible.
Elle ne sort jamais à cette heure où son fils
Ecoute ses leçons et reçoit ses avis.

FURET.
Elle vient de sortir, te dis-je, je l'ai vue
Tout-à-l'heure, ici près, au détour de la rue :
J'ai reconnu Céphise à son noble maintien ;
J'allais à sa rencontre : elle de fuir. Fort bien,
Me suis-je dit alors, on fuit ceux qu'on redoute.

MELCOUR.
Tu te seras trompé...

FURET.
Non, je connais sa route.

MELCOUR.
Où donc est-elle ?...

FURET.
Elle est entrée au Luxembourg.

MELCOUR.
Es-tu bien sûr !...

FURET.
Je vais t'y mener sans détour.
Je crois d'ici la voir sous un épais feuillage,
Un Delille à la main méditant chaque page,
Relisant des Jardins le poëme vanté,
Et mêlant la peinture à la réalité.
Viens.

(*Ils sortent tous les deux, Melcour a l'air pensif.*)

SCENE VI.

Mad. DERVAL, seule.

Les voilà partis, Furet m'a rencontrée.
Redoutant ce bavard, je suis vîte rentrée.
Il ne tiendrait qu'à moi, je m'en garderai bien,
D'observer à mon tour leurs pas, leur entretien.
Mais quel rapport entre eux, et qu'elle différence!

L'un craint tout, lorsque l'autre est rempli d'assurance.
Chacun de tout savoir montre un désir égal ;
Mais l'un voit tout en bien, l'autre voit tout en mal.
L'amour-propre, chez eux, fait un effet contraire ;
Furet m'occupe peu ; Melcour a su me plaire...
Pour arrêter le cours de ses soupçons jaloux,
Je dois donc le punir, j'en veux faire un époux...
Le punir !... Cet emploi me paraît bien pénible...
Melcour a l'esprit vif et le cœur très-sensible...
Un amant soupçonneux, époux devient tiran.
Rire et le plaisanter, tel doit être mon plan.
L'amour et la gaité tous les deux me l'ordonnent,
Puis l'hymen vient peut-être, et les torts se pardonnent.

SCÈNE VII.
Mad. DERVAL, LE PEINTRE.

LE PEINTRE
Madame, excusez-moi, je crains de déranger...

Mad. DERVAL.
C'est mon peintre. A venir qui peut vous engager ?...

LE PEINTRE.
Je vous attends, madame, avec impatience ;
Je vous donne aujourd'hui ma dernière séance,
Demain vous le savez, je dois quitter Paris.

Mad. DERVAL.
J'ai tort de n'être pas exacte... je vous suis.

LE PEINTRE.
Votre portrait me doit faire honneur,... une pause...

Mad. DERVAL.
Vous avez l'air troublé...

LE PEINTRE.
Sachez-en donc la cause.
Je viens de rencontrer deux messieurs près d'ici ;
Ils causaient vivement, leur aspect m'a saisi...
L'un d'eux a répété votre nom de manière
A faire présumer l'excès de sa colère.
Il parlait d'un cousin de Bordeaux, de secrets,
Et même il a parlé de poursuivre un procès ;
Son courroux, ce transport, ce qu'il me fait entendre
Est, pour qui vous connaît, difficile à comprendre.

Mad. DERVAL
Vous le saurez bientôt... Comment ! mon cher Melcour,
La colère s'en mêle ! Ah ! ah ! j'aurai mon tour.
J'entends du bruit, on vient. Chez vous, allez m'attendre,
Je ne tarderai pas, je l'espère, à m'y rendre.

SCÈNE VIII.

Mad. DERVAL, MELCOUR, *qui a vu sortir le peintre.*

Mad. DERVAL.

Ah ! vous voilà, Melcour...

MELCOUR.

Quelqu'un vient de sortir ?

Mad. DERVAL.

Sans doute...

MELCOUR.

Un jeune homme...

Mad. DERVAL.

Oui...

MELCOUR.

C'est moi qui l'ai fait fuir ?

Mad. DERVAL.

Mais cela se pourrait...

MELCOUR.

Il reviendra ?...

Mad. DERVAL.

Peut-être.

MELCOUR.

Et son nom ?

Mad. DERVAL.

Je ne puis vous le faire connaître.

MELCOUR.

Pourquoi ?...

Mad. DERVAL.

J'ai mes raisons...

MELCOUR.

J'ai les miennes aussi
Pour vous le demander...

Mad. DERVAL.

Finissons tout ceci.

MELCOUR.

Vous-même ce matin, n'êtes-vous pas sortie ?

Mad. DERVAL.

Mais je sors tous les jours quand c'est ma fantaisie.
Et qu'importe ?

MELCOUR.

Avec lui vous venez de rentrer.

Mad. DERVAL.

Qui vous l'a dit ?...

MELCOUR.

Tout sert à me le démontrer.

Mad. DERVAL
Ces questions, monsieur, ne sont pas fort discrettes ;
Si je vous demandais, moi, tout ce que vous faites !
MELCOUR.
Sans tarder...
Mad. DERVAL.
Je me tais : sachez donc m'imiter.
MELCOUR.
Enfin à mes désirs vous voulez résister ?
Mad. DERVAL
Oui...
MELCOUR
Ce qu'on veut cacher, quelquefois se devine.
Mad. DERVAL
Souvent mal...
MELCOUR
C'est envain qu'à feindre l'on s'obstine,
C'est lui, lui ! j'en suis sûr.
Mad. DERVAL
Et qui donc ! s'il vous plait ?
MELCOUR
Celui dont nous parlions tantôt. L'heureux objet
De vos affections, qui seul a su vous plaire,
Qui venait à Paris, disiez-vous, pour affaire,
Pour huit jours ; qui par vous, sans doute retenu,
De paraître à mes yeux s'est toujours abstenu.
Le cousin de Bordeaux : oui, c'est lui, je le gage.
Mad. DERVAL
Quel sentiment jaloux vous dicte ce langage ?
MELCOUR
Ce n'est point jalousie. Enfin je sais très bien...
Mad. DERVAL
Vous répondre, en ce cas, ne servirait à rien.
MELCOUR
Oui, toute question a droit de vous déplaire.
Mad. DERVAL
Je les crains, mais je hais encor plus la colère.
Ecoutez-moi, Melcour ; j'eus un premier mari,
Que jeune, aux champs d'honneur, la guerre m'a ravi.
Tendre et vif comme vous ; spirituel, affable,
Un seul défaut gâtait son caractère aimable ;
Ce défaut là, Melcour, vous le devinez bien...
MELCOUR
Il voulait tout savoir !...

Mad. DERVAL
Mais il ne savait rien.
MELCOUR
Des plus fortes raisons, appuyant son systême.
Ne vous disait-il pas ! Céphise, je vous aime :
Vous m'aimez, entre nous, tout n'est-il pas commun?
Nos esprits et nos cœurs, doivent n'en faire qu'un :
Le droit qui m'appartient, mon amour le réclame,
Et sur vos actions, il faut m'ouvrir votre âme!
Mad. DERVAL
Il me tenait un jour ce langage à-peu-près,
Mais je lui répondais : respectez mes secrets ;
Et même abandonnant une vaine poursuite,
Toujours sans la connaître approuvez ma conduite.
Sachant ce que je pense, on sait ce que je fais,
Dire mes sentimens, c'est dire mes projets.
MELCOUR
Ne répliquait-il pas ; ces preuves sont frivoles,
Les actions, souvent, démentent les paroles ?
Sur des pareils témoins, comment juger des cœurs,
Faut-il s'en rapporter à des discours trompeurs ?
Mad. DERVAL
Le bien, lui répliquais-je, est toujours présumable.
Qui soupçonne le mal en est souvent capable.
MELCOUR
Oh ! que cela devait exciter son courroux !
Mad. DERVAL
Le tort était à lui...
MELCOUR
Mais, que lui disiez-vous ?
Mad. DERVAL
Je ne disais plus rien, je me mettais à rire.
MELCOUR
Son courroux s'élevait alors ?...
Mad. DERVAL.
Jusqu'au délire.
MELCOUR
Et vous?
Mad. DERVAL
Je le priais de vouloir s'appaiser.
MELCOUR
Plus furieux... encor...
Mad. DERVAL.
Sans m'en embarrasser,
A des tems plus heureux remettant ma présence,

Je lui fesais alors une humble révérence.
(*à part.*)
Chez le peintre allons vîte. (*Elle salue et sort.*)

SCENE IX.
MELCOUR, seul.

      Elle me fuit! ô ciel!
Et me laisse en partant dans un doute cruel ;
Pour savoir son secret que faut-il que je fasse ?...
Même dans ses refus elle met une grace...
Son esprit, sa gaité, mille dons enchanteurs
En elle font chérir jusques à ses rigueurs ;
Mais enfin quand l'amour est fondé sur l'estime,
Parler est un devoir, et se taire est un crime.
Oui, dans mon entreprise il me faut persister,
Je veux donc tout savoir, et j'y fais consister
Mon repos, mon bonheur, et ma plus douce joie...
N'entends-je pas Furet ? ah le sort me l'envoie
Pour me servir sans doute...

SCENE X
MELCOUR, FURET.
FURET.
      Aussi prompt que l'éclair.
Tu me revois...
MELCOUR
Sais-tu quelque chose ?
FURET.
      Ah ! mon cher !
Je n'avais fait d'abord que des pas inutiles,
Et je plaignais déjà mes démarches stériles,
N'ayant pu rencontrer qu'un seul petit rentier
Du marais, qui m'a mis au fait de son quartier.
Tout-à-l'heure en rentrant j'ai revu cette dame.
MELCOUR
Ne te trompes-tu pas ?...
FURET.
     Moi, jamais, sur mon âme.
C'est Céphise elle-même, un vent léger et frais
En agitant son voile à découvert ses traits ;
J'ai les yeux vifs et sûrs : un homme très-honnête
Marchait à ses côtés. Ils causaient tête à tête.
MELCOUR
Quel homme ?..

FURET.
Je l'ignore, oh mais je le saurai.
A leur gaité, j'ai vu que c'était de plein gré,
Que tout était entre eux concerté.
MELCOUR
Ciel ! qu'entends-je ?
FURET.
Bientôt ils sont entrés ici près, chez Dorsange
Tout en face.
MELCOUR
Comment !...
FURET.
Chez ce peintre vanté,
Et qui pour ses portraits, dans Paris est cité ;
Son grand art et de bien saisir la ressemblance
Parbleu ! je veux lier avec lui connaissance.
Quand de secrets profonds, on veut s'instruire un peu.
Chez un peintre en portrait on a vraiment beau jeu.
MELCOUR
Chez un peintre tous deux !...
FURET
Selon ma conjecture
On a pour ce jeune homme une tendresse pure.
Car en passant, j'ai lu son bonheur dans ses yeux.
Pour la dame, elle avait un air un peu sérieux :
De leur doux entretien je n'ai pu rien entendre,
Que ces mots : mon ami... cela m'a fait comprendre,
Qu'avec elle il est bien. J'étais impatient
De te conter le fait, suis moi donc à présent.
MELCOUR
Non : tu vois que j'y prends un intérêt extrême
Et comme je veux tout approfondir moi-même,
J'y vais seul.
FURET
Cher Melcour, va, je t'entends, je vois
Que tu prends ce moment pour lui parler de moi.

SCENE XI.
FURET, seul.
Comme il court ! De ses soins je dois tout me promettre ;
Quelle ardeur ! c'est l'effet qu'aura produit ma lettre,
Car la dame remplit mes trois conditions ;
Elle est digne en effet de mes attentions.
Hier je lui parlai beaucoup et de manière,

A me persuader que j'ai dejà su plaire.
Pour en être certain, il faut à ce sujet,
Interroger quelqu'un, ou suivante ou valet...
J'apperçois un enfant; eh! c'est le petit Charle.

SCENE XII.
FURET, CHARLES.
CHARLES.
Il n'est pas là, Melcour?
FURET.
Il faut que je lui parle.
CHARLES, *à part.*
C'est l'homme aux questions, que redoute maman.
FURET.
Approchez, mon ami, venez petit fanfan:
J'ai mis exprès pour vous des bonbons dans ma boëte.
Prenez-donc!
CHARLES.
Ah! monsieur, vous êtes trop honnête.
FURET.
Vous me connaissez?
CHARLES.
Peu.
FURET.
Chez madame d'Arcis,
Avec votre maman, j'ai fait un reversis.
CHARLES.
Ah! oui! je m'en souviens; vous y fîtes la bête.
FURET.
Et perdis mon pannier. Oh! mais une conquête
Dut me venger. Ici, quand on est revenu,
Maman, vous a de moi sans doute entretenu?
CHARLES.
Pas beaucoup.
FURET.
Mais enfin?
CHARLES.
Elle a dit que sans cesse,
Monsieur, vous la pressiez de questions.
FURET.
L'adresse
Que j'y mettais sans doute a charmé son esprit?
CHARLES.
Qu'y répondre était fort gênant.

3

FURET.

Elle l'a dit ?...
Oui, l'amour embarrasse à l'instant qu'il commence.

CHARLES.
Qu'elle a pris le parti de garder le silence.

FURET.
J'entends à demi-mot.

CHARLES.

Que vos yeux très-ardens,
Lui lançaient des regards quelquefois effrayans.

FURET.
Bon, bon !

CHARLES.
Quand votre main semblait chercher la sienne,
Qu'elle la retirait à dessein.

FURET.

Ah ! sans peine,
Je conçois cet excès de sa timidité.

CHARLES.
Et qu'enfin, avec joie, elle vous a quitté.

FURET.
Pour me croire adoré, m'en faut-il davantage ?
Tout concourt, en effet, pour notre mariage.
Encore des bonbons ; prenez la boëte aussi.

CHARLES.
Non : j'imite maman, et je sors. *Il sort.*

SCENE XIII.

FURET, *seul.*

Grand merci !
Comme un enfant nous sert quand on sait de sa bouche,
Tirer la vérité sur tout ce qui nous touche,
Et lorsque d'une femme on peut en sa faveur,
Expliquer la pensée et deviner le cœur.

SCENE XIV.

FURET, MELCOUR.

MELCOUR, *à part en entrant.*
Ah ! malheureux !...

FURET
Melcour, eh bien ! quelle nouvelle ?

MELCOUR.
Tu m'as dit vrai...

FURET
Toujours.
MELCOUR
Céphise (*à part.*) ah! l'infidelle !
(*Haut.*) Elle s'est fait peindre.
FURET
Ah ! tu viens donc de la voir?
MELCOUR
Non pas elle.
FURET
Tant pis, c'était là mon espoir.
MELCOUR
Mais j'ai vu son image, ô contre-tems funeste !
FURET
Oh ! pour moi tout va bien, et je te le proteste.
MELCOUR
De mes soins indiscrets connais le triste fruit,
Et tout ce que j'ai vu, tout ce que l'on m'a dit ;
Tu verras si d'après ce que tu vas entendre...
A la main de Céphise on peut encor prétendre.
J'arrive chez le peintre ; un adroit compliment
Sert d'abord de prétexte à mon empressement ;
J'obtiens un libre accès, je vois tout, je visite
Une chambre secrette au public interdite.
Là, vingt tableaux frappant mes regards éblouis,
Hélène m'apparaît, près du berger Pâris...
Je ne fais qu'effleurer tous les sujets d'histoire,
Je m'arrête aux portraits, comme tu peux bien croire :
Le sien s'offre bientôt à mon œil curieux.
C'est son air, son sourire, et sa bouche et ses yeux.
Elle est là.
FURET
Jusqu'ici rien ne me déconcerte ;
Je sens même le prix de cette découverte.
MELCOUR
J'osais douter encor... pour en être certain,
Louant le coloris et vantant le dessin,
A l'artiste j'ai dit : je sais bien quel modèle
Seul a prêté son charme à ce portrait fidèle.
Ces traits sont, me dit-il, de mon invention,
Ce n'est-là qu'un sujet d'imagination.
Vous me trompez, chez vous une dame est venue,
Lui dis-je, et sa figure ici m'est bien connue.
C'est madame Dorval. Interdit et confus,
Le peintre alors se trouble et ne réplique plus ;

Mais quand je lui propose une très-forte somme,
Je dois la refuser, répond-il ; un jeune homme
M'a payé ce portrait : c'est je crois son cousin ;
Il conduit cette dame ici chaque matin.
Tu juges à ces mots de l'excès de ma peine.
Moi, qui croyais d'Armand l'absence bien certaine !
Mille soupçons affreux m'accablent à-la-fois :
Je veux parler, je perds et la force et la voix.
Je prends congé du peintre, et je sors sans murmure,
En maudissant tout bas l'amour et la peinture.

FURET
Tant-pis. De découvrir lorsque l'on est en train,
On ne doit pas rester en aussi beau chemin.
Maudire la peinture est une extravagance.
Cet art sert l'amitié, console de l'absence...
Le cher cousin, Melcour, cause peu mon souci.

MELCOUR
Mais puisqu'il la payé, ce portrait est à lui.

FURET
Soit : mais dans tout ceci, rien ne trouble mon ame ;
Il aura le portrait, et moi, j'aurai la femme.

MELCOUR
Tu te crois...

FURET
  Adoré.

MELCOUR
    Tu ne vois nul danger...

FURET
Quelqu'un, qu'adroitement je viens d'interroger,
Par des faits positifs m'a prouvé que l'on m'aime.

MELCOUR
J'ai besoin d'être seul.

FURET
    Mais juge par toi-même :
On me quitte avec joie, on prend l'air du dédain ;
On se tait, ou me fuit ; on m'aime, c'est certain.

MELCOUR, *à part*.
Et de deux, à présent.

FURET
    Tu vas m'aider sans doute ?

MELCOUR
Retire-toi, de grace, à regret je t'écoute.

FURET
De l'humeur ! Je te laisse, et sans toi désormais
Va, je saurai bientôt mettre à fin mes projets.

SCÈNE XV.
MELCOUR, seul.

Oh ! qu'il m'en coûte cher d'avoir voulu m'instruire !
D'elle-même j'apprends comme il faut me conduire.
Son cœur depuis huit jours d'un autre objet charmé...
Mais que dis-je, son cœur ne m'a jamais aimé.
Il faut y renoncer, il faut m'éloigner d'elle ;
Chargeant de mon pouvoir quelqu'ami plein de zèle,
Sans lui nuire du moins je peux m'en séparer.
Allons, pour mon départ, il faut tout préparer.
Ecrivons. (*Il se ment à son bureau ; il a le dos tourné aux personnes qui vont entrer.*)

SCÈNE XVI.
MELCOUR, Mad. DERVAL, CHARLES.
LE PEINTRE, *tenant le portrait.*
CHARLES.
C'est Melcour.
Mad. DERVAL, *à Charles.*
Il faut de la prudence.
CHARLES.
Charles, quand il le faut, sait garder le silence.
Mad. DERVAL, *au peintre.*
Placez là ce portrait.
LE PEINTRE
Madame le voilà.
(*Le peintre sort, et l'enfant se place derrière le rideau qui couvre le portrait.*)
CHARLES.
Comme il est ressemblant.
Mad. DERVAL
Toi, mon fils, reste là.
MELCOUR
Fuyons une infidèle.
Mad. DERVAL, *à part.*
Oui, toujours en colère...
Encore une leçon, ce sera la dernière.
Ce malheureux portrait, qui l'a tant affligé,
De ses torts prétendus sera bientôt vengé.
Tout est prêt, commençons.
MELCOUR
C'est la voix de Céphise.
Elle n'était pas seule, et paraît fort surprise.
Mad. DERVAL, *à part.*
Donnons-nous l'air coupable (*Haut.*) Ah ! vous voilà, monsieur.

MELCOUR
Comme elle a l'air troublé...
Mad. DERVAL
Je vous croyais, d'honneur,
A présent au jardin... la soirée est si belle.
MELCOUR.
Suis-je de trop ?
Mad. DERVAL
Jamais De notre amour fidèle
L'hymen va-t-il bientôt recevoir le serment ?
Votre père...
MELCOUR.
Aujourd'hui, j'ai son consentement.
Mad. DERVAL.
Pourquoi cet air distrait, lorsqu'à vous je m'adresse?
Vos yeux de ce côté semblent tournés sans cesse.
MELCOUR.
Quelqu'un est là...
Mad. DERVAL.
Mais oui...
MELCOUR.
Caché...
Mad. DERVAL.
J'en fais l'aveu :
Aussi, c'est votre faute, on vous redoute un peu.
MELCOUR.
Enfin à mes regards pourquoi donc le soustraire ?
Mad. DERVAL.
Mais encore une fois j'ai craint votre colère.
MELCOUR
Et cet aimable objet ne vous déplait donc pas ?
Mad. DERVAL.
Je crois que pour vous-même il aurait des appas.
D'un sentiment durable, il offre un heureux gage.
Il a mes yeux, mes traits, et presque mon langage.
Je lui remets le soin de ma félicité,
Et son premier mérite est la fidélité ;
Par amour-propre enfin il faut bien que je l'aime,
Il me ressemble en tout ; c'est un autre moi-même.
MELCOUR
Je voudrais bien l'entendre, il faut l'interroger.
Mad. DERVAL.
Il vous dira, Melcour : cessez de m'outrager ;

Loin de craindre un jaloux, j'ai de quoi le confondre,
Je pense comme lui, pour lui je puis répondre.
MELCOUR
C'est trop, je veux le voir, tremblez pour ce rival.
Mad. DERVAL
Trembler! mais lui, Melcour, ne vous veut point de mal.
MELCOUR
Je veux le voir, vous dis-je! ah! je perds patience;
Il connaîtra bientôt l'effet de ma vengeance.
(*Il lève le rideau.*) Votre portrait!
Mad. DERVAL.
Sans doute, et Charle au lieu d'Armand.

SCÈNE XVII et dernière.
Les Mêmes, FURET
FURET.
Nouvelle découverte! ah! le tour est charmant!
CHARLE
Céphise à son ami présente son image.
FURET.
Ah! madame, enchanté... car c'est bien moi, je gage...
MELCOUR
Ah! combien j'ai de torts!... que je voudrais pouvoir...
Mad. DERVAL
Les avouer, Melcour, c'est ne les plus avoir.
FURET.
Madame il est bien tems que vous soyez instruite:
Sachez que c'est pour moi que Melcour sollicite.
J'accepte le portrait et la main sans détour.
Mad. DERVAL
Quoi! pour les presenter tous les deux à Melcour.
FURET
Melcour; et son procès? est-ce ainsi qu'il s'expose?
MELCOUR.
L'amour en ce moment nous donne gain de cause...
Je n'ai plus de soupçons... Mais un jeune homme enfin,
Chez le peintre, avec vous....
Mad. DERVAL.
Oui... c'était mon cousin.
Le portrait est pour vous, vous reste-il un doute?
FURET
Je sais que de Bordeaux Armand reprend la route.

MELCOUR:
J'abjure mon système et ne suis plus jaloux.
Ma peine vient de moi, mon bonheur vient de vous;
Et par cette leçon, qui m'est d'un prix extrême,
J'apprends qu'il ne faut pas soupçonner ce qu'on aîme.

FURET
Si l'on veut me jouer pareil tour désormais,
Parbleu, je le saurai.

Mad. DERVAL.
Vous le saurez après.

MELCOUR.
Je garde ce portrait ; et si la jalousie
Veut m'inspirer jamais sa triste frénésie,
D'un injuste soupçon fait pour nous affliger
Son aspect aussitôt saura me corriger.

FIN.

De l'Imprimerie de HOCQUET et Comp., rue du Faubourg-Montmartre, au coin du Boulevard, N. 1042.

www.ingramcontent.com/pod-product-compliance
Lightning Source LLC
Chambersburg PA
CBHW070456080426
42451CB00025B/2764